Suor Angelica

「修道女アンジェリカ」

Opera in un atto

"Trittico（三部作）" の時代の Puccini と台本作家 Giovacchino Forzano

修道女アンジェリカ

（全一幕）

台　本 .... ジョヴァッキーノ・フォルツァーノ（1884〜1970 年）

作　曲 .... ジャコモ・プッチーニ（1858〜1924 年）1917 年作曲

初　演 .... 1918 年 12 月 14 日

メトロポリタン歌劇場（ニューヨーク）

時・所　 .... 1600 年代末、イタリアのある女子修道院内

日本語訳 .... とよしま 洋

Locandina per la prima rappresentazione

初演時のポスター

登 場 人 物

Suor Angelica — Soprano
修道女アンジェリカ — ソプラノ

La Zia Principessa — Contralto
公爵夫人（その叔母） — コントラルト

La Badessa — Mezzosoprano
修道院長 — メゾソプラノ

La Suora Zelatrice — Mezzosoprano
修道女長 — メゾソプラノ

La Maestra delle Novizie — Mezzosoprano
修練女長 — メゾソプラノ

Suor Genovieffa — Soprano
修道女 ジェノヴィエッファ — ソプラノ

Suor Osmina — Soprano
修道女 オズミーナ — ソプラノ

Suor Dolcina — Soprano
修道女 ドルチーナ — ソプラノ

La Suora Infermiera — Mezzosoprano
看護係修道女 — メゾソプラノ

Le Cercatrici — Soprani
托鉢係修道女達 — ソプラノ

Le Novizie — Soprani
修練女達 — ソプラノ

Le Converse — Soprano e Mezzosoprano
助修道女達 — ソプラノ・メゾソプラノ

L'interno di un monastero. La chiesetta
e il chiostro. Nel fondo, oltre gli archi di
destra, il cimitero; oltre gli archi di
sinistra, l'orto. Nel mezzo della scena,
cipressi, una croce, erbe e fiori.
Nel fondo a sinistra, fra le piante di
acoro, una fonte il cui getto ricadrà in
una pila in terra.

修道院の中。小さな教会（礼拝堂）と中庭。
右手アーチの奥は墓地。
左手のアーチの向こうには菜園がある。
舞台中央には、
糸杉の木、十字架、草、花。
舞台奥左手には、ショウブの間に噴水がある。
地上に設置された水盤に、噴水口から出た
水が流れ落ちている。

ATTO UNICO

全一幕

LA PREGHIERA
Si apre il velario.
Tramonto di primavera. Un raggio di
sole batte al di sopra del getto della
fonte. La scena è vuota. Le Suore sono
in chiesa e cantano.

[祈り]
幕が上がる。
春の夕暮れ。
噴水口の上に陽光が射している。
舞台には誰もいない。
修道女たちが礼拝堂の中で歌っている・

(この8行は台本にはない。)
(Ave, Maria, piena di grazia,
  il Signore è teco,
  Tu sei benedetta fra le donne,
  benedetto il frutto del ventre tuo,
  Gesù. Santa Maria…
  prega per noi peccatori,
  ora e nell'ora della nostra morte.
  E così sia.)

(アヴェ、マリア、慈しみに満ちた方、
主はあなたと共におられます。
あなたは女性のうちで祝福され、
ご胎内の御子イエスも祝福されています。
聖なる母マリア様よ、お祈りください…
私たち罪びとのために、
今も、死を迎える時も。
そうあらんことを。)

Due Converse, in ritardo per la
preghiera, traversano la scena; si
soffermano un istante ad ascoltare un
cinguettio che scende dai cipressi,
quindi entrano in chiesa.

礼拝に遅れてきた2人の助修道女が、
舞台を横切る。
糸杉の上から聞こえてくる小鳥のさえずりに
耳を傾け、ほんのしばらく立ち止まり、
そして礼拝堂に入る。

Suor Angelica, anch'essa in ritardo,
esce da destra e si avvia in chiesa, apre
la porta e fa l'atto di penitenza delle
ritardatarie che le due Converse non
hanno fatto, ossia si inginocchia e
bacia la terra; quindi richiude la porta.
La preghiera termina. Le monache
escono dalla chiesa a due per due.

修道女アンジェリカも遅れて来て
右手から登場し、礼拝堂に入る。
扉を開け、遅れてきたことへの懺悔をする。
即ち、膝間づいて大地にキスをし、
扉を閉める。
2人の修道女は懺悔をしない。
礼拝が終わり、修道女達が2列になって
礼拝堂から出てくる。

La Badessa si sofferma davanti alla
croce. Le monache, passandole innanzi,
fanno atto di reverenza. La Badessa le
benedice, quindi si ritira a sinistra.

修道院長は十字架の前で立ち止まる。
その前を通りながら修道女たちは挨拶を
する。修道院長は彼女達を祝福し、
左手から退場する。

(Le Suore restano unite formando, a piccoli gruppi, una specie di semicerchio. La Sorella Zelatrice viene nel mezzo.)

（修道女たちは、小さなグループを作って半円形になって集まる。
修道女長が中央からやって来る。）

LE PUNZIONI

【懲罰】

La Sorella Zelatrice *(alle due Converse che sono passate prima)*
Sorelle in umiltà,
mancaste alla * quindèna,
ed anche Suor Angelica,
che però fece contrizione piena.
Invece voi, sorelle,
peccaste in distrazione
e avete perso un giorno di quindèna!

修道女長
（前景に登場した2人の助修道女に）
慎ましいシスター方、
貴女方は＊聖なる礼拝に遅れましたね。
アンジェリカも同様です。
でも彼女は悔い改めています。
貴女方は
不注意から
この聖なる日の礼拝に遅れたのです。

＊ quindèna :

復活祭の日曜日から復活祭後の日曜日までの15日間続く祈りの期間。
復活祭(パスクア：Pasqua)は、春分の日の後の最初の満月の次にくる
日曜日に祝われ、年によって日付が変わる移動祝日である

Le Converse （楽譜: una Conversa)
M'accuso della colpa
e invoco una gran pena,
e più grave sarà,
<u>e</u> più grazie vi dirò, （楽譜には <u>e</u> がある。）
sorella in umiltà.
(Restano in attesa della penitenza mentre la Zelatrice medita.)

助修道女たち （楽譜では1人)
この罪をお許しください。
私は大きな罪を犯しました、
深い罪です、
心からお詫びします。
慎ましいシスター様。
（修道長が瞑想している間、罰を受けるために待っている。）

La Maestra delle Novizie
(alle due Novizie)
(Chi arriva tardi in coro
sì prostri e baci terra.)

修練女長
（2人の修練修道女に）
（礼拝に遅れた人は
伏して大地に口づけなさい。）

La Sorella Zelatrice
(alle Converse)
Farete venti volte
la preghiera mentale
per <u>gli afflitti, gli schiavi</u>
　　　（楽譜では gli afflitti <u>e</u> gli schiavi)
e per quelli che stanno
in peccato mortale.

修道女長
（助修道女たちに）
心を込めたお祈りを
20回捧げなさい。
苦しみ悩める人のために

そして罪深き
人たちのために。

Le Converse
Con gioia e con fervore!
Cristo Signore,
Sposo d'Amore,
io voglio sol piacerti,
ora e nell'ora
della mia morte. Amen.
(Si ritirano compunte sotto gli archi
di destra.)

助修道女たち
喜びと熱情を持って！
主イエスキリスト
愛の花婿の
御心に叶うよう、
今、そして
我が死するその時にも。アーメン。
（右手のアーチの下で懺悔をするために
引き下がる。）

La Sorella Zelatrice
(a Suor Lucilla, porgendole l'occorrente
per filare)
Suor Lucilla, il lavoro. Ritiratevi
e osservate il silenzio.
(Suor Lucilla si avvia sotto gli archi
di destra, prende la rocca che è sopra
una panca e si mette a filare.)

修道女長
（ルチッラに糸を紡ぐための道具を
差し出しながら）
ルチッラ、お勤めに戻りなさい。
お勤めは黙ってするのですよ。
（ルチッラは右手のアーチの下に退がり、
ベンチの上にある糸巻き棒を取り、
紡ぎ始める。）

La Maestra delle Novizie
(alle due Novizie, come prima)
(Perché stasera in coro
ha riso e fatto ridere.)

修練女長
（先程と同様に、2人の修練女に）
（夕べのお祈りで、
笑ったりふざけたりしていましたね。）

La Sorella Zelatrice
(a Suor Osmina)
Voi, Suor Osmina, in chiesa
tenevate nascoste nelle maniche
due rose scarlattine.

修道女長
（オズミーナに）
オズミーナ、礼拝堂の中で
真紅のバラを
2本袖に隠していましたね。

Suor Osmina
(indocile)
Non è vero!

オズミーナ
（逆らって）
違います！

La Sorella Zelatrice
(severa ma senza asprezza)
　　　　　Sorella, entrate in cella.
(Suor Osmina scuote le spalle.)
Non tardate! La Vergine vi guarda!
(Suor Osmina si avvia senza far parola.
Le Suore la seguono con lo sguardo
fino a che non è scomparsa nella sua
cella e mormorano:
Regina virginum, ora pro ea.)

修道女長
（とげとげしさのない厳しさで）
　　　　　部屋にお戻りなさい。
（オズミーナは肩をすぼめる。）
早くなさい！　聖母様は見ておられます！
（オズミーナは、何も言わずに退場。
修道女たちは、オズミーナが自分の部屋に
消えるまで彼女を目で追い、
つぶやく：
聖母マリア様、御前に祈ります。）

(Suor Osmina chiude bruscamente la
porta della sua cella.)

（オズミーナが自分の部屋の扉を激しく閉める
音が聞こえる。）

LA RICREAZIONE

La Sorella Zelatrice
Ed or, sorelle in gioia,
poiché piace al Signore
e per tornare
più allegramente
a faticare
per amor Suo,
ricreatevi!

Le Suore
Amen!
*(Le figure bianche delle Suore si
sparpagliano per il chiostro e oltre gli
archi. Suor Angelica zappetta la terra e
innaffia l'erbe e i fiori.)*

Suor Genovieffa
(gaiamente)
Oh sorelle! Sorelle!
io voglio rivelarvi
che una spera di sole
è entrata in clausura!
Guardate dove batte,
là, là fra la verzura!
Il sole è sull'acòro!
Comincian le tre sere
della fontana d'oro!

Alcune Suore
- È vero, fra un istante
vedrem l'acqua dorata!
- E per due sere <u>ancora</u>! （楽譜: ancor）
        - È Maggio! È Maggio!
- È il bel sorriso di Nostra Signora
che <u>vien</u> con quel raggio. （楽譜:viene）
- Regina di Clemenza, grazie!
            - Grazie!

Una Novizia
(alla Maestra, con fare timoroso)
Maestra, vi domando
licenza di parlare.

【休憩時間】

修道女長
さあ、喜びにある皆さん、
主の御心に従い、
主の愛に報いるための
お勤めに
更なる喜びで
戻れるよう
休息をとりなさい！

修道女たち
アーメン！
（修道女達の白衣の姿が、修道院の
中庭やアーチの向こうのあちらこちらに
散らばる。アンジェリカは鍬で地を耕し、
草花に水をかける。）

ジェノヴィエッファ
（楽しそうに）
ねえ、シスターの皆さん！
皆さんに見ていただきたいの
陽の光が
中庭に差し込んでいます！
ご覧になって、ほら、あそこを、
青葉の間で陽光が跳ね返っています！
陽光がショウブの上にも！
「黄金の泉の三つの夕べ」が
始まるのよ！

数人の修道女
ーそうね、もうすぐ
水が黄金に輝くのが見えるわ！
ーあと二晩も！
        五月よ！ 五月よ！
ー聖母様の美しい微笑みは
この陽の光と共に現れるのです。
ー慈悲深い聖母様、感謝を捧げます！
            ー感謝を！

修練女
（おどおどしながら修練女長に）
あの、お尋ねしても
よろしいですか？

La Maestra delle Novizie
Sempre per laudare
le cose sante e belle.

La Novizia
Qual grazia della Vergine
rallegra le sorelle?

La Maestra delle Novizie
Un segno risplendente
della bontà di Dio!
Per tre sere dell'anno solamente,
all'uscire dal coro.
Dio ci concede di vedere il sole
che batte sulla fonte e la fa d'oro.

La Novizia
E le altre sere?

La Maestra delle Novizie
O usciamo troppo presto e il sole è alto,
o troppo tardi e il sole è tramontato.

Alcune Suore
(con un accento di grande malinconia)
- Un altr'anno è passato!...
- È passato un altr'anno!...

- E una sorella manca!...
----

*(Un silenzio doloroso è nel chiostro; le
Suore assorte in un atteggiamento di
muta preghiera sembrano rievocare
l'immagine della sorella che non è più.)*

Suor Genovieffa
*(improvvisamente, con accento ingenuo
e quasi lieto)*
O sorella in pio lavoro,
quando il getto s'è infiorato,
quando il getto s'è indorato,
non sarebbe ben portato
un secchiello d'acqua d'oro
sulla tomba a Bianca Rosa?

Le Suore
Si, la suora che riposa
lo desidera di certo!

修練女長
美しく聖なるものを
讃えるためならいつでも。

修練女
聖母様のどんな慈しみが
私たちの喜びとなるのですか？

修練女長
神の善意である
輝く光です！
1年のうち三晩だけ、
礼拝の合唱が終わると
泉を黄金に輝かせる陽の光を
見せてくださるのです。

修練女
他の夕べは？

修練女長
私達が早すぎて、陽が高いか、
遅すぎて、陽が沈んでしまうかなのです。

数人の修道女
（とても悲しげな様子で）
ーもう1年が過ぎたのですね!...
ー1年が経ってしまった!...

シスターが1人亡くなってから!...

（重苦しい静けさが中庭に広がる。
静かに祈る修道女たちの様子は
亡きシスターの姿を
想い起こしているかのようである。）

ジェノヴィエッファ
（突然、穢れのない、
まるで喜びに満ちたような言葉で）
敬虔なお勤めに携わる皆さん、
噴水口が美しく
黄金に輝く時に、
黄金色の水を手桶に汲んで
たっぷり注ぎませんか？
ビアンカ・ローザさんのお墓に。

修道女たち
そうね、安らかにお眠りのあの方も
きっと願っておいででしょう！

Suor Angelica
I desideri sono i fior dei vivi, （楽譜：fiori）
non fioriscon nel regno delle morte,
perché la Madre Vergine soccorre,
e in Sua benignità
liberamente al desiar precorre;
prima che un desiderio sia fiorito
la Madre delle Madri l'ha esaudito.
O sorella, la morte è vita bella!

アンジェリカ
望みは生きている者には花となりますが
死の支配する世界では咲きません。
なぜなら聖母様は、
その優しさで
望みが花開く前にそれを察して
お救い下さるのです。
母なる聖母様は、それを叶えてくださるのです。
皆さん、死は生を美しくするものです。

La Sorella Zelatrice
Noi non possiamo
nemmen da vive avere desideri.

修道女長
私たちは生きている間には
望みを持つことは許されません。

Suor Genovieffa
Se son leggeri e candidi, perché?
　　　　　　　　　　（楽譜：leggieri）
Voi non avete un desiderio?

ジェノヴィエッファ
罪のない小さな望みでもですか？

あなたは望みをお持ちでないの？

La Sorella Zelatrice
　　　　　　　Io no!

修道女長
　　　　　　　私にはありません！

Un'altra
Ed io nemmeno!

修道女
私にだってありません…！

Un'altra
　　　　Io no!

修道女
　　　　私にはありません！

Una Novizia
(timorosa)
　　　　　Io no!

修練女
（おどおどして）
　　　　ありません！

Suor Genovieffa
　　　　　　Io sì.
lo confesso:
(Volge lo sguardo in alto.)
Soave Signor mio,
tu sai che prima d'ora
nel mondo ero pastora...
Da cinq'anni non vedo un agnellino;
Signore, ti rincresco
se dico che desidero
vederne uno piccino,
poterlo carezzare,
toccargli il muso fresco
e sentirlo belare?

ジェノヴィエッファ
　　　　　　私にはあります。
正直に言います：
（天を仰ぎ見て）
お優しい主イエス様、
あなたもご存知のように
私は以前羊飼い娘をしていました…
私は5年間、子羊たちに会っていません
主イエス様、
私の望みを申し上げます。
あの可愛い子羊に会って
その顔をなで
鳴き声を聞くことを
お許しいただけますか？

Se è colpa, t'offerisco il *Miserere mei.* Perdonami, Signore, Tu che sei l'*Agnus Dei.*	これが罪であるなら 「懺悔の祈り」を捧げます。 私をお許しください、 「神の子羊」である主イエス様。

Suor Dolcina
(*grassottella e rubiconda*)
Ho un desiderio anch'io!

ドルチーナ
（太っていて頬が赤い）
私にも望みがあります！

Le Suore
- Sorella, li sappiamo
i vostri desideri!
- Qualche boccone buono!
- Della frutta gustosa!
- La gola è colpa grave!...
(*alle Novizie*)
(È golosa! È golosa!...)

修道女たち
ーあなたの望みは
分かっています。
ー美味しいご馳走！
ー美味しい果物
ー食欲は重い罪！…
（修練女たちに）
（食いしん坊さん！食いしん坊ね！…）

(*Suor Dolcina resta mortificata
ed interdetta.*)

（ドルチーナは恥ずかしさのあまり
黙ってしまう。）

Suor Genovieffa
(*a Suor Angelica che sta annaffiando
i fiori*)
Suor Angelica, e voi （楽譜文末に?）
avete desideri?　（楽譜: Avete desideri?）

ジェノヴィエッファ
（花に水をかけているアンジェリカに）

アンジェリカ、
あなたは望みをお持ちなの？

Suor Angelica
(*volgendosi verso le Suore*)
... Io?... no, sorella mia.　（楽譜: , no）
(*Si volge ancora ai fiori.*)

アンジェリカ
（修道女たちの方に振り返って）
…私？… いいえありません
（再び花の方に向く。）

Le Suore
(*facendo gruppo dalla parte opposta
a Suor Angelica. A bassa voce.*)
- Che Gesù la perdoni,
ha detto una bugia!
- Ha detto una bugia!

修道女たち
（アンジェリカの向かい側に集まって、
低い声で）
ーイエス様　彼女をお許しください
彼女は偽りを口にしました！
ー彼女は嘘をつきました！

Una Novizia
(*avvicinandosi, curiosa*)
Perché?

修練女
（近づいて、興味深げに）
なぜ？

Alcune Suore
(piano)
　　　　- Noi lo sappiamo,
ha un grande desiderio!
- Vorrebbe aver notizie
della famiglia sua!
- <u>Sono</u> più di sett'anni, 　（楽譜: Son）
da quando è in monasterio,
non ha avuto più nuove!
- E sembra rassegnata,
ma è tanto tormentata!
*(allontanandosi sempre più da Suor
Angelica)*
- Nel mondo era ricchissima,
lo disse la Badessa.
- Era nobile!
　　　　　- Nobile!
- Nobile? Principessa!
- La vollero far monaca
sembra... per punizione!
- Perché...
　　　　- Perché?...
　　　　　　- Chi sa!
　　　　　　　- Mah!?
　　　　　　　　-Mah!?
(si disperdono qua e là)

何人かの修道女たち
（小さな声で）
　　　－私たちは知っているのよ、
彼女には大きな望みがあるのを！
－家族の消息を
知りたいという望み！
－修道院に入って
7年以上にもなるのに、
便りが何もないのです！
－諦めているようには見えるけれど
とても辛そう！
（アンジェリカから、より離れながら）

－大変裕福な中で育ったと
院長様が言っておられました。
－貴族だったのよ！
　　　　　　－爵位もあると！
－爵位？公爵夫人！
－修道院に送られたのは…
懲罰のためらしいわ！
－なぜ？
　　　－なぜなの？
　　　　　－わからないわ！
　　　　　　－まあ！
　　　　　　　－まあ！
（あちらこちらへ散らばる。）

La Sorella Infermiera
(Accorre affannata.)
Suor Angelica, sentite!...

看護係修道女
（息を切らせて走り寄って）
シスター・アンジェリカ、聞いてください！…

Suor Angelica
O Sorella Infermiera,
che cosa accadde, dite!

アンジェリカ
看護係さん、
何が起こったのです？　仰って！

La Sorella Infermiera
Suora Chiara, là nell'orto,
assettava la spalliera
delle rose; all'improvviso
tante vespe sono uscite.
l'han pinzata qui nel viso!
Ora è in cella e si lamenta.
Ah! calmatele, sorella,
il dolor che la tormenta!

看護係修道女
シスター・キアーラがあちらの畑で
バラの手入れを
していたら、突然
ハチの群れが飛び出して、
彼女の顔を刺したのです！
今は部屋で苦しんでおられます。
どうか、苦しい痛みを
鎮めてあげてください、

Alcune Suore
Poveretta! Poveretta!

何人かの修道女
お気の毒！可哀想！

Suor Angelica
Aspettate, ho un'erba e un fiore!
(Corre cercando fra i fiori e l'erbe.)

アンジェリカ
待っていてください、草と花を摘んできます！
（大急ぎで花と草を摘みに行く。）

La Sorella Infermiera
Suor Angelica ha sempre una ricetta
        buona, fatta coi fiori,
sa trovar sempre un'erba benedetta
        per calmare i dolori!

看護係修道女
シスター・アンジェリカは、花々で
良く効くお薬を作る方法をご存知です。
苦しみを和らげるために敵った薬草を
いつも見つけることができるのです！

Suor Angelica
*(alla Suora Infermiera porgendole
alcune erbe)*
Ecco, questa è calenzòla:
col latticcio che ne cola
le bagnate l'enfiagione;
(dandole un'altra erba)
e con questa, una pozione. （楽譜:E)
Dite a Sorella Chiara
che sarà molto amara
ma che le farà bene.
E le direte ancora   （楽譜: ancor)
che punture di vespe
sono piccole pene;
e che non si lamenti,
ché a lamentarsi crescono i tormenti.

アンジェリカ
（看護係の修道女にいくつかの
薬草を渡しながら）
さあ、これがカレンツォーラです、
絞った汁で
腫れた部分を濡らして、
（他の薬草も渡しながら）
そしてこれは飲み薬。
キアーラに言ってちょうだい、
とてもつらいけれど
良くなりますからと。
そしてもう一つ
蜂に刺されても
心配はないので
嘆かないように、
嘆けば痛みは増すからと。

La Sorella Infermiera
Le saprò riferire.
Grazie, sorella, grazie.

看護係修道女
伝えます。
シスター、有難うございます。

Suor Angelica
(piegando la testa)
Son qui per servire.

アンジェリカ
（頭を下げながら）
私はずっとここにいますから、

IL RITORNO DALLA CERCA
*(Dal fondo a sinistra entrano due Suore
Cercatrici conducendo un ciuchino
carico di roba.)*

【托鉢からの帰院】
（左手奥から2人の托鉢係修道女たちが
品物をのせたロバを引いて登場する。）

Le Cercatrici
Laudata Maria.

托鉢係修道女たち
讃えられしマリア様。

Tutte
        E sempre sia!

全員
      とこしえに！

Le Cercatrici
Buona cerca stasera,
sorella Dispensiera!

(Le Suore si fanno intorno al ciuchino;
le Cercatrici scaricano e consegnano le
limosine alla Sorella Dispensiera.)

Una Cercatrice
Un otre d'olio.

Suor Dolcina
(che non può stare)
    Uh! buono!

L'altra Cercatrice
Nocciòle, sei collane.

Una Cercatrice
Un panierin di noci.

Suor Dolcina
Buone con sale e pane!

La Sorella Zelatrice
(riprendendola)
Sorella!

Una Cercatrice
   Qui farina,
e qui una caciottella
che suda ancora lette,
buona come una pasta,
e un sacchetto di lenti,
dell'uova, burro e basta.

Alcune Suore
Buona cerca stasera,
Sorella Dispensiera!
(Una Cercatrice porta via il ciuchino.)

L'altra Cercatrice
(a Suor Dolcina)
Per voi, sorella ghiotta…

托鉢係修道女たち
今夕のお恵みは良い物ばかり
食料係の修道女様！

（修道女たちは、ロバの周りに集まる。
托鉢係の修道女たちは、荷物を降ろし
食料係の修道女に施し物を渡す。）

托鉢係修道女
油が一袋。

ドルチーナ
（喜びのあまり）
    まあ素敵！

他の托鉢係修道女
ヘーゼルナッツがこんなにたくさん。

托鉢係修道女
胡桃が一籠。

ドルチーナ
塩とパンでおいしく！

修道女長
（しかるように）
あなたまで！

托鉢係修道女
   こちらは小麦粉
まだミルクが滴る
チーズがここに、
ケーキのように美味しいのよ、
レンズ豆の袋と
卵、それにバター、これで全部。

何人かの修道女
今夕のお恵みは良い物ばかりね、
食料係さん！
（托鉢係修道女がロバを連れて去る。）

他の托鉢係修道女達
（ドルチーナに）
これは食いしん坊さんに…

Suor Dolcina
(felice)
Un tralcetto di * <u>ribes</u>!
(vedendo che le altre si scandalizzano)
Degnatene, sorelle!

Alcune Suore
        Grazie! grazie!

Una Suora
(scherzosamente)
Uh! Se ne prendo un chicco
          la martorio!

Suor Dolcina
No, no, prendete!

Alcune Suore
        Grazie!
*(Formano un gruppetto a destra e
beccano * <u>il ribes</u>, fra risatine discrete.)*

ドルチーナ
（嬉しそうに）
＊スグリの実の小枝ね！
（皆が騒ぎ立てているのを見ながら）
皆さんも、いかが！

何人かの修道女
        ありがとう！

修道女
（ふざけて）
あら、私がいただいてしまったら
        申し訳ないわ！

ドルチーナ
そんなことないわ、どうぞ！

何人かの修道女
        ありがとう！
（右手に集まって、くすくすと笑いながら
＊スグリの実を食べる。）

＊スグリ (ribes) は、スグリ科スグリ属の
落葉低木になる果実。
スグリには抗酸化成分であるビタミン C、
ポリフェノール類のアントシアニンなどが
多く含まれ、強い酸味はクエン酸による
もので疲労回復効果がある。

La Cercatrice
Chi è venuto stasera in parlatorio?

托鉢係修道女
今夕、談話室にいらしたのはどなたかしら？

Alcune Suore
- Nessuno.
     - Nessuno.
          - Perché?

何人かの修道女
－どなたも。
     －誰も。
          －なぜ？

La Cercatrice
Fuor del portone c'è
fermata una ricca berlina.

托鉢係修道女
ご門の外に
立派な馬車が止まっていたので。

Suor Angelica
*(volgendosi, come assalita da una
improvvisa inquietudine)*
Come, sorella? <u>Come</u> avete detto?
       （楽譜にはない）

アンジェリカ
（突然心配そうに振り返りながら）

何ですって？何ておっしゃったの？

Una berlina è fuori?...
Ricca?... Ricca?... Ricca?...

La Cercatrice
                    Da gran signori.
Certo aspetta qualcuno
che è entrato nel convento
e forse fra un momento
suonerà la campana a parlatorio.

Suor Angelica
(con ansia crescente)
Ah! ditemi, sorella
com'era la berlina?
Non aveva uno stemma?
Uno stemma d'avorio?...

E dentro tappezzata
d'una seta turchina
ricamata in argento?...

La Cercatrice
(interdetta)
Io non lo so, sorella;
ho veduto soltanto
una berlina... bella!

Le Suore
(osservando curiosamente Suor Angelica)
- È diventata bianca...
- Ora è tutta vermiglia!...
- Poverina!
            - È commossa!
- Spera che <u>sien</u> persone di famiglia!
        （楽譜：<u>sian</u>）
(Una campanella rintocca; le Suore accorrono da ogni parte.)
- Vien gente in parlatorio!
- Una visita viene!
- Per chi?
            - Per chi sarà?
- Fosse per me!
            - Per me!
                - Fosse mia madre
che ci porta le tortorine bianche!

外に馬車が？…
立派な、立派な？… ですか？…

托鉢係修道女
                高貴な方のですわ。
きっと修道院にいるどなたかに、
ご面会なのよ、
もうすぐ談話室の鐘が
鳴るでしょう。

アンジェリカ
（不安がつのって）
ああ！教えてください…
どんな馬車か？
紋章がありましたか？
象牙の紋章が？…
            ※象牙の紋章は、アンジェリカの家
                Guartiero 公爵家の家紋
内装は濃い青色の絹に
銀の刺繍の
布張りでしたか？…

托鉢係修道女
（驚いて）
わかりません、
私は奇麗な… 馬車を
見ただけなの！

修道女たち
（アンジェリカを見ながら）

ーあら蒼白になって…
ー今度は赤く！…
ー可哀想！
            ー動揺しておられる！
ーご家族の方だといいのに！

（鐘がなる、修道女たちは
それぞれの場所から走り寄る。）
ー談話室にどなたかいらしたんだわ！
ーお客様がいらしたのね！
ーどなたに？
            ーどなたにかしら？
ー私にだったら！
            ー私にかもしれない！
                ー私の母だったら
可愛い白いキジバトを持ってきてくださるはず！

- Fosse la mia cugina <u>di campagna</u>
(楽譜にはない)
che porta il seme di lavanda buono!...

(Suor Genovieffa si avvicina alle compagne e quasi interrompe queste esclamazioni indicando con un gesto pietoso Suor Angelica.)

Suor Angelica
(volgendo gli occhi al cielo, mormora)
(O Madre eletta, leggimi nel cuore,
volgi per me un sorriso al Salvatore...)
(Il gruppo delle Suore si avvicina in silenzio e Suor Angelica. Suor Genovieffa esce dal gruppo e con grande dolcezza:)

Suor Genovieffa
(a Suor Angelica)
O sorella in amore,
noi preghiamo la Stella delle Stelle
(楽譜：preghiam)
che la visita, adesso, sia per voi.

Suor Angelica
(commossa)
Buona sorella, grazie!
(Da sinistra entra la Badessa per chiamare la Suora che dovrà andare al parlatorio. - L'attesa è viva. – In quell'attimo di silenzio tutte le Suore fanno il sacrificio del loro desiderio a pro della sorella in gran pena. - Suor Angelica ha sempre gli occhi volti al cielo, immobile come se tutta la sua vita fosse sospesa.)

La Badessa *(chiamando)*
Suor Angelica!
(Fa cenno che le Suore si ritirino.)

Le Suore
(come respirando, finalmente)
Ah!...
(Il getto della fonte si è indorato, le Suore riempiono un secchiello d'acqua, si avviano verso il cimitero e scompaiono.)

－田舎の私の従姉妹かもしれない、

良いラベンダーの種を持ってきてくれるのよ…

（ジェノヴィエッファが仲間たちに近づき、アンジェリカを優しいしぐさで指しながらこれらの騒ぎを中断させる。）

アンジェリカ
（天を仰いで、つぶやく）
（選ばれし聖母様、私の心の内をお読み取り下さい、救い主の微笑を私にお向けください…）
（修道女のグループが静かにアンジェリカに近づく。ジェノヴィエッファはグループから離れ出て、とても優しく）

ジェノヴィエッファ
（アンジェリカに）
愛しいシスター、
私たちは天の星にお祈りを捧げます。

あなたを訪ねて下さる方でありますように。

アンジェリカ
（感動して）
お優しいシスター、ありがとうございます！
（修道院長が談話室に行く修道女を呼ぶために左手から登場する。
－皆の期待は高まる。－
一瞬静寂に包まれて、全修道女が苦しんでいる敬虔なシスターのために自分たちの望みを控えようとしている。
－アンジェリカはずっと眼差しを天に向け、あたかも彼女の人生すべてが中断されたかのように微動だにしない。）

修道院長（呼びながら）
シスター・アンジェリカ！
（修道女たちに引き下がるよう合図をする。）

修道女たち
（やっと息ができるかのように）
ああ！…
（修道女たちは、夕日を浴びて黄金に輝く泉から手桶に水を満たし、墓地の方へ消えてゆく。）

Suor Angelica
Madre, Madre, parlate!
chi è, Madre... chi è?
Son sett'anni che aspetto!...
Son sett'anni che aspetto una parola...
una nuova, uno scritto.
（下線の部分楽譜にはない）
Tutto ho offerto alla Vergine
in piena espiazione...

La Badessa
(interrompendola)
Offritele anche l'ansia
che adesso vi scompone!

(Suor Angelica, affranta, si curva
lentamente in ginocchio e si raccoglie.)
(Le voci delle Suore arrivano dal
cimitero.)

Voci delle Suore
Requiem aeternam
dona ei, Domine,
et lux perpetua
luceat ei - Requiescat in pace – Amen.

Suor Angelica
(alzando gli occhi)
Madre, sono serena e sottomessa.

La Badessa
È venuta a trovarvi
vostra Zia Principessa.

Suor Angelica
Ah!...

La Badessa
In parlatorio
si dica quanto
vuole ubbidienza,
necessità.
Ogni parola è udita
dalla Vergine Pia.

Suor Angelica
La Vergine m'ascolti e così sia.

アンジェリカ
院長様、話して下さい…
院長様どなた… どなたですか？
私は7年もの間待っておりました！…
7年の間消息を…
新たな便りをと待っておりました。

償いの心で
聖母様にすべてをお捧げしました…

修道院長
（話を遮って）
その取り乱した不安な心も
捧げるのです！

（打ちのめされたアンジェリカは、
ゆっくりとひざまずき、気持ちを整える。）
（修道女たちの声が墓地から聞こえてくる。）

修道女たちの声
主よ　永遠の安息を
彼女に
絶えざる光を彼女の上に
平和と安らぎを与え給え。アーメン！

アンジェリカ
（視線をあげ）
院長様、心は鎮まりました、お言いつけを。

修道院長
あなたに面会です、
叔母の公爵夫人が。

アンジェリカ
ああ！…

修道院長
談話室でお話しなさい、
服従の義務を
決して
忘れてはなりません。
あなたの一言一言を
敬虔なる聖母様が聞いておられます。

アンジェリカ
聖母様、私の言葉に耳を傾け
お守り下さい。

LA ZIA PRINCIPESSA

La Badessa si avvia e scompare a sinistra. Suor Angelica si avvia verso gli archi del parlatorio. Guarda ansiosamente verso la porticina. Si ode un rumore di chiavi. La porta viene aperta in dentro dalla Suora Clavaria che rimarrà a fianco della porta aperta, nella penombra della stanza.

Quindi si vedrà la Badessa che si sofferma davanti alla Suora Clavaria. Le due Suore fanno ala e fra le due figure bianche, che si curvano lievemente in atto di ossequio, passa una figura nera, severamente composta in un naturale atteggiamento di grande dignità aristocratica: la Zia Principessa. Entra. Cammina lentamente appoggiandosi ad un bastoncino di ebano.

【叔母・公爵夫人】

修道院長は引き下がり左手に退場する。
アンジェリカは談話室の
アーチに向かって進む。
その出入リロを不安げに見る。
鍵の音がして中から
門監係の修道女が扉を開け、
部屋の薄明りの中、
扉の脇に留まる。

修道院長が門監係の修道女の前に
いるのが見える。
白い服装の2人の修道女が
両脇に立ち、
敬意を表し、軽く腰をかがめる。
その間を、黒い服に身を包み
大いに威厳を持って貴族然とした
アンジェリカの叔母、公爵夫人が通る。
黒檀の杖に支えられながら、
ゆっくりと入ってくる。

Suor Angelica e la Principessa, figurini di Caramba per la
prima rappresentazione dell'opera omonima, 1918.
アンジェリカと公爵夫人、1918 年初演の際の
カランバによる衣裳デザイン

Si sofferma: getta per un attimo lo sguardo sulla nipote, freddamente e senza tradire nessuna emozione; Suor Angelica invece alla vista della Zia è presa da grande commozione, ma si frena perché le figure della Clavaria e della Badessa si profilano ancora nell'ombra. La porticina si richiude. Suor Angelica, commossa, quasi vacillante va incontro alla Zia, ma la vecchia protende la sinistra come per consentire soltanto all'atto sottomesso del baciamano.
Suor Angelica prende la mano che le viene tesa, la porta alle labbra e, mentre la Zia siede, ella cade in ginocchio, senza poter parlare.
Un attimo di silenzio. Suor Angelica, con gli occhi pieni di lacrime, non ha mai tolto lo sguardo dal volto della Zia, uno sguardo pietoso, implorante. La vecchia invece ostentatamente guarda avanti a sé.)

彼女は立ち止まり、
一瞬何の感動もなく
姪に冷ややかな一瞥を投げる。
一方、アンジェリカは
叔母を見るなり非常に感動するが、
修道院長や門監係の修道女の姿が
まだ暗闇の中にいるので、
その気持ちを抑える。扉は閉まる。
感動したアンジェリカは
殆どよろめきながら叔母の元へ歩み寄る。
しかし、老叔母はアンジェリカが
その手にキスをすることだけを認める様に、
左手を差し出す。
アンジェリカは差し出された手を取り
唇を当てる。
そして叔母が座る間、話すこともできずに
ひざまずいている。
一瞬静寂に包まれる。アンジェリカは
目に一杯涙を浮かべ、
哀願するような
眼差しを叔母に向ける。
しかし老叔母は自分を誇示するかのように
前方を見つめている。）

La Zia Principessa

公爵夫人

★Il Principe Gualtiero vostro padre, la Principessa Clara vostra madre, quando <u>venti anni</u> or sono
　　　　　（楽譜: vent'anni ）

vennero a morte...
(La vecchia si interrompe per farsi il segno della croce.)
<u>mi affidarono</u> i figli （楽譜: m'affidarono）
e tutto il patrimonio di famiglia.
Io dovevo dividerlo
quando ciò ritenessi conveniente,
e con giustizia piena.
È quanto ho fatto. Ecco la pergamena.
Voi potete osservarla, discuterla,
　　　　　　　　　　　firmarla.

★あなたの父上グアルティエロ公爵と
母上クララ公爵夫人が
20年前に

亡くなられた時…
（老叔母は、十字を切るために
話を中断する。）
子供達と家族の財産すべてを
私に託されました。
私はそれを分配しなければなりません。
しかるべき時に
正しく公平に。
その処理がすみ、これが書類です。
良く読み、良く考えた上で署名しなさい。

Suor Angelica
(umile)
Dopo sett'anni... son davanti a voi...
Ispiratevi a questo luogo santo...
È luogo di clemenza...
È luogo di pietà...

アンジェリカ
（おずおずと）
7年振りに… お会いしているのです…
聖なる場所におられるのですから…
ここは慈悲の場です…
ここは哀れみの場です…

La Zia Principessa
(come una condanna)
        Di penitenza.
Io debbo rivelarvi la ragione
perché addivenni a questa divisione:
vostra sorella
Anna Viola
anderà sposa.

公爵夫人
（叱責するかのように）
        悔悛の場でも。
理由を明らかにせねばなりません、
この分与に至った経緯を。
あなたの妹
アンナ・ヴィオーラが
結婚するのです。

Suor Angelica
        Sposa?!...
Sposa la piccola
Anna Viola?
la sorellina,
la piccina?
(Si interrompe: pensa un attimo.)
        Ah!... Son sett'anni!...
Son passati sett'anni!
O sorellina bionda che vai sposa,
o sorellina mia, tu sia felice!
E chi la ingemma?

アンジェリカ
        結婚?!...
あの幼かった
アンナ・ヴィオーラが？
妹が、
結婚を？
（言葉を中断し、一瞬思いにふける。）
      ああ！… もう7年も！…
もう7年も経ったのだわ！
あのブロンドの髪の妹が
結婚する、幸せなのですね！
お相手はどんな方？

La Zia Principessa
Chi per amore condonò la colpa
di cui macchiaste il nostro bianco
        stemma.

公爵夫人
潔い我が家系を汚した罪を
愛によって赦した方です。

Suor Angelica
(con impeto di ribellione)
Sorella di mia madre,
voi siete inesorabile!

アンジェリカ
（反抗的に）
母の妹でありながら
あなたは血も涙もないお方！

La Zia Principessa
Che dite? E che pensate?
<u>Implacata son io?</u> Inesorabile?
  （楽譜にはない）
Vostra madre invocate
quasi contro di me?
(tornando fredda e composta)
Di frequente, la sera,
là, nel nostro oratorio,
io mi raccolgo...

公爵夫人
何ですって？ どういうつもり？
<u>私に向かって血も涙もないですって？</u>

あなたの母親を引き合いに出すの
この私に対して？
（再び冷ややかな態度で）
私は度々、夕方になると
礼拝堂に赴き
気持ちを鎮めます…

★Nel silenzio di quei raccoglimenti,
il mio spirito par che s'allontani
e s'incontri con quel di vostra madre
in colloqui eterei, arcani!

★静けさの中で瞑想していると
私の魂は、この世を離れ
あなたの母親の魂と出会い
神秘な天上で語り合うのです！

Come è penoso
udire i morti dolorare e piangere!
Quando l'estasi mistica scompare
per voi <u>serbata ho</u> una parola sola:
(楽譜では: ho serbata)
espiare! Espiare!...
Offritela alla Vergine
la mia giustizia!

何と辛いのでしょう、
死者の苦しみと嘆きを聞くのは！
神秘な時間が過ぎ去ると
あなたへの一つの言葉が残されるのです。

罪を！罪を償いなさい！...
私の正当さを
聖母様に捧げなさい！

Suor Angelica
Tutto ho offerto alla Vergine... sì...
tutto!
Ma v'è un'offerta che non posso fare!...
Alla Madre soave della Madri
non posso offrire di scordar... mio
figlio,
mio figlio! Il figlio mio!

アンジェリカ
私は聖母様にすべてを捧げました…
そう…すべてを！
でも捧げられないものが一つだけ！…
慈悲深い聖母様にも
忘れることができないのです…
私の坊やを、
私の坊や！私の坊やのことを！

La creatura che mi fu strappata,
(楽譜では ここに Figlio mio が入る)
che ho veduto <u>e</u> baciato una <u>sola</u> volta!
(楽譜では: e ho)　　(楽譜では sol)
Creatura mia! Creatura mia lontana!

私から引き離されたあの子、
(私の息子)
私の坊や、会ったのもキスしたのも
たったの一度だけ！
私の息子！遠く引き離されたあの子！

È questa la parola
che <u>imploro</u> da sett'anni!（楽譜: invoco）
Parlatemi di lui!
Com'è, com'è mio figlio?
Com'è dolce il suo volto?
Come sono i suoi occhi?
Parlatemi di lui,
di mio figlio... <u>mio figlio!</u>
(楽譜: parlatemi di lui...)
(Un silenzio: la vecchia tace, guardando la madre in angoscia.)
Perché, tacete?
Perché, tacete?

この事を
7年間祈り続けていたのです！
あの子の事を話してください！
私の息子はどうしていますの？
どんなに可愛らしくなりまして？
どんな目をしているの？
話してください
私の息子… 私の息子の事を！
（話してください…）
（静まり返った中で、老叔母は
苦悩する母親を見つめながら沈黙する。）
なぜ黙っておられるのです？
なぜ、なぜ？

Un altro istante di questo silenzio
e vi dannate per l'eternità!
La Vergine <u>vi</u> ascolta e Lei vi giudica!
（楽譜: ci）

なおも黙っておいでになるなら
あなたは永遠に罰をお受けになるでしょう！
聖母様はお聴きになっておられます、
あなたをお裁きになります！

La Zia Principessa
Or son due anni
venne colpito
da fiero morbo...
Tutto fu fatto per salvarlo.

公爵夫人
2年前、
恐ろしい
伝染病に冒され…
あらゆる手を尽くしたものの。

Suor Angelica

È morto?

(La Zia curva il capo e tace.)
Ah!

(Suor Angelica, con un grido, cade di schianto in terra, in avanti, col volto sulle mani. La Zia si alza come per soccorrerla credendola svenuta; ma, al singhiozzare di Suor Angelica, frena il suo movimento di pietà; in piedi si volge verso un'immagine sacra che è al muro, alla sua destra, e con le due mani appoggiate al bastoncino di ebano, con la testa curva, in silenzio, prega.
Il pianto di Suor Angelica continua soffocato e straziante.

- Nel parlatorio è già la semioscurità della sera. - Si ode la porta aprirsi. Suor Angelica si solleva restando sempre in ginocchio e col volto coperto. Entra la Suora Clavaria con una lucernina accesa che pone sul tavolo. La Zia Principessa parla alla Suora. La Suora esce e ritorna con la Badessa recando in mano una tavoletta, un calamaio e una penna. Suor Angelica ode entrare le due Suore, si volge, vede, comprende; in silenzio si trascina verso il tavolo e con mano tremante firma la pergamena. Quindi si allontana di nuovo e si ricopre il volto con le mani. Le due Suore escono.

La Zia Principessa prende la pergamena, fa per andare verso la nipote, ma al suo avvicinarsi Suor Angelica fa un leggero movimento con tutta la persona come per ritirarsi. Allora la Zia procede verso la porta, batte col bastoncino: la Clavaria apre, prende il lume, va avanti. La Zia Principessa la segue. Di sulla soglia volge uno sguardo alla nipote. Esce. Scompare. La porta si richiude. - La sera è calata; nel cimitero le Suore vanno accendendo i lumini sulle tombe.)

アンジェリカ

死んだのですか？

（叔母は黙ったままうなづく。）
ああ！

（アンジェリカは叫び声と共に、
顔を手にうずめて床に倒れこむ。
叔母は彼女が気絶したのではないかと
彼女を助けようと立ち上がる。
しかしアンジェリカがすすり泣くのを見て、
哀れみの気持ちを抑え、
右手の壁にある聖像の方に歩み寄り、
両手で黒檀の杖に
寄りかかりながら
頭を下げて静かに祈る。
アンジェリカは苦しみに声を詰まらせ
涙し続ける。

－談話室はすでに夕闇に包まれている。
－扉の開く音が聞こえる。
アンジェリカは体を起こすが
顔を覆い、ずっとひざまずいている。
門監係修道女が明かりを持って入って来て
テーブルの上に置く。
伯爵夫人の叔母は修道女に話しかける。
その修道女はいったん退場するが、
書板、インクとペンを手にした
修道院長と共に戻ってくる。
その2人の足音を聞いてアンジェリカは
振り向き、これから起こることを理解する。
黙ってテーブルの方へ向かい、震える手で
書類にサインをする。それから再び
テーブルを離れ、両手で顔を覆う。
2人の修道女は退場する。

伯爵夫人の叔母は書類を取り
姪の方に近づこうとするが、
アンジェリカは、それに気づくと
身を引くようにさっと退く。

そこで叔母は扉の方へ進み
杖で扉をたたく。門監係修道女が
扉を開け、明かりをかざす。
叔母の伯爵夫人は彼女に従う。
敷居の処で姪に一瞥を与え、
退場する。扉は閉まる。
－夕べの帳は降りる。墓地では修道女たちが
墓石に明かりを点灯しながら行き来している。）

20

LA GRAZIA

Appena uscita la Principessa, Suor Angelica scoppia in un pianto disperato.

Suor Angelica
(sempre in ginocchio,con voce desolata)
★Senza mamma,
o bimbo, tu sei morto!
Le tue labbra,
senza i baci miei,
scoloriron
fredde, fredde!
E chiudesti,
bimbo, gli occhi belli!　（楽譜：o bimbo）
Non potendo
carezzarmi,
le manine
componesti in croce!
E tu sei morto
senza sapere
quanto l'amava
questa tua mamma!

Ora che sei un angelo del cielo,
ora tu puoi vederla la tua mamma!
tu puoi scendere giù pel firmamento
ed aleggiare intorno a me... ti sento...
Sei qui, sei qui, mi baci e m'accarezzi.
ah! dimmi quando anch'io potrò
　　　（楽譜：in ciel）　vederti?
quando potrò baciarti!...
Oh! dolce fine di ogni mio dolore!
Quando in cielo con te potrò salire?...
Quando potrò morire!...
Quando potrò morire?...
Dillo alla mamma, creatura bella,
con un leggero scintillar di stella...
parlami, amore, amore!...　（楽譜：amor）

*(I lumi del cimitero sono tutti accesi:
il chiostro è ormai quasi oscuro.
Le Suore escono dal cimitero e si
avviano verso Suor Angelica che è come
in estasi. Il gruppo delle Suore si
avvicina in silenzio. Nella semioscurità
sembra che le figure bianche,
camminando, non tocchino terra.)*

【恩寵】

伯爵夫人が出て行くとすぐ
アンジェリカは絶望して
泣き崩れる。

アンジェリカ
（ひざまずいたまま悲しげな声で）
★母も知らずに
坊や、お前は死んだのね！
お前の唇は
母の口づけもなく
色あせ
冷たくなってしまった！
坊や、その可愛い瞳を
閉じたのね！
私に触れることも
できないまま
小さな手を
十字に組んでしまった！
この母が
どれほど愛していたかを
知らずに
お前は死んでしまった！

今では、お前は天使になり
今こそ母親に会えるのよ
お前は天空から舞い降りることができ
私の回りに… お前がいるのが分かる…
ここで私に口づけし、触れているのが分かる。
ああ！教えて、いつ（天国で）お前に会えるの？

いつお前に口づけができるの！…
ああ！私のこの苦悩も優しく終わるのね！
いつお前と共に天国に昇る事ができるの？…
私はいつ死ねるのでしょう！…
いつ死ぬ事ができるの？…
この母に伝えておくれ、可愛い坊や
星々の優しい輝きに託して…
私に伝えておくれ、愛しい坊や！…

（墓地の明かりはすべて点火される。
修道院の中庭はすっかり暗くなっている。
修道女たちは墓地から出て
茫然としているアンジェリカに近づく。
修道女のグループが
静かに近づいてくる。薄明りの中を
白い姿が、地に足を付けずに
歩きながら進んでくるかのようである。）

Geraldine Farrar,
prima interprete di suor Angelica
修道女アンジェリカを最初に演じた
ジェラルディーネ・ファッラール

Le Suore
Sorella, o buona sorella,
la Vergine ha accolto la prece.
Sarete contenta, sorella,
la Vergine ha fatto la grazia.
(Suor Angelica si leva come in preda
al un'esaltazione mistica.)

Suor Angelica
La grazia è discesa, dal cielo
già tutta, già tutta m'accende,
risplende!risplende!risplende!（楽譜ない）
Già vedo, sorella, la meta...
Sorelle, son lieta! son lieta!
Cantiamo! Già in cielo si canta...
Lodiamo la Vergine Santa!

（楽譜には次の2行あり）
(Coro di Suore
E così sia! Cantiamo!
Già in cielo si canta.)

Tutte
Lodiamo la Vergine santa!

修道女たち
シスター、善良なシスター、
聖母様は聞き届けられます、
シスターあなたは報われます、
聖母様は恩恵をお与えになります。
（アンジェリカは神秘的な高揚に啓示された
かのように立ち上がる。）

アンジェリカ
恩恵は天から降り、
もう私の中で燃え上がっています、
輝いている、輝いているわ！輝いている！
もう行く先が見えます…
皆さん、私は幸せです！
歌いましょう！天上ではもうすでに歌って
います… 聖母様を讃えましょう！

（修道女たちの合唱
さあ、歌いましょう！
天上ではもうすでに歌っています。）

一同
聖母様を讃えましょう！

(Si ode dal fondo a destra il segnale delle tavolette. Le Suore si avviano verso l'arcata di destra e la teoria bianca scompare nelle celle.)	（合図の音が右手奥から聞こえる。修道女たちは右手のアーチの方へ進み、その白い行列は各々の部屋に消えてゆく。）

Voce di Angelica
La grazie è discesa dal cielo!
(La notte avvolge il chiostro. Sulla chiesetta si va illuminando a poco a poco una scintillante cupola di stelle. La luna dà sui cipressi.

Si apre una cella: esce Suor Angelica.)

アンジェリカの声
神の恩寵は天から下りました！
（修道院は暗闇に包まれ、星の天蓋が
小さな礼拝堂の上に
少しずつ輝きを与える。
月は糸杉の上で輝く。

部屋の扉が開き、アンジェリカが出てくる。）

Suor Angelica
(Ha in mano una ciòtola di terracotta che posa a pie' di un cipresso: raccoglie un fastelletto di sterpi e rami, raduna dei sassi a mo' d'alari e vi depone il fastelletto: va alla fonte e riempie la ciòtola d'acqua: accende con l'acciarino il fuoco e vi mette su la ciòtola. Quindi si avvia verso la fiorita.)

Suor Angelica ha sempre una ricetta buona fatta coi fiori.

★Amici fiori che nel piccol seno racchiudete le stille del veleno.
Ah, quante cure v'ho prodigate!
Ora mi compensate.
Per voi, miei fior, io morirò.

(Fa un pugnello delle erbe e dei fiori colti e li getta nella ciòtola fumante, guarda un attimo il formarsi del veleno, prende la ciòtola e la posa a pie' della croce: quindi si volge a destra verso le cellette.)

Addio, buone sorelle, addio, addio!
Io vi lascio per sempre. (<u>Io</u>:楽譜にはない)
M'ha chiamata mio figlio!
Dentro un raggio di stelle
m'è apparso il suo sorriso,
m'ha detto: Mamma, vieni in Paradiso!
Addio! Addio!

アンジェリカ
（テラコッタの鉢を手にして登場し、
糸杉の根元に置く。
枯れ枝を集め、
石を薪台のように積み重ねた上に
集めた枝を置く。
泉の方へ行き鉢を水で満たす。
火打ち金で火をつけ鉢を上へ置く。
そして花の方へ行く。）

アンジェリカは草花から
良く効く薬を作る方法を知っている

★その小さな胸に毒の滴を含んだ
美しい草花達よ
どれほどお前達の世話をしたことか！
今こそ私を導いておくれ
お前達の力を借りて私は死ぬのよ。

（摘んで来た草花をひと握りにして
湯気の立ち昇る鉢の中へ入れる。
毒薬が出来上がるのをしばらく眺め、
その鉢をおろして、十字架の元に置く。
右手の皆の部屋の方を向く。）

さようなら、優しいシスターたち、さようなら！
私はあなた方と永遠にお別れします。
あの子が呼んでいるのです！
星の輝きの中で
あの子が微笑んで
お母様、天国に来てと言っています！
さようなら！

< *Curiosità*: Cicuta Maggiore >

La Cicuta Maggiore è una pianta erbacea, presente in tutta Italia si può trovare fino a 1800 metri di altitudine. Comunemente nota come Cicuta assomiglia molto al Prezzemolo ed passata alla storia quale bevanda che diede la morte al filosofo **Socrate** che venne condannato alla pena capitale e la bevve sono forma di infuso.

Cicuta (ドクニンジン)は、草本植物で、イタリア全土に存在し、海抜1800m まで見つけることができる。一般的には *Cicuta* として知られ、イタリアンパセリによく似ている。歴史上では、死刑を宣告された哲学者ソクラテスが、これを煎じた液を飲んで死に至ったことが知られている。

Addio, chiesetta! In te
　　　　　quanto ho pregato!
Buona accoglievi preghiere e pianti.
È discesa la grazia benedetta!
Muoio per lui e in ciel lo rivedrò!
　　　（楽譜: cielo）

(Esaltata, abbraccia la croce, la bacia, si curva rapidamente, prende la ciòtola, si volge verso la chiesa e guardando al cielo beve il veleno. Quindi si appoggia ad un cipresso e comprimendosi il petto con la sinistra e abbandonando lentamente il braccio destro lascia cadere la ciòtola a terra.
L'atto del suicidio ormai compiuto sembra la tolga dalla esaltazione a cui era in preda e la riconduca alla verità. Un rapido silenzio. Il suo volto prima sereno e sorridente si atteggia in una espressione angosciosa come se una rivelazione improvvisa e tremenda le fosse apparsa.)

さようなら礼拝堂！ここで
　　　どれほど祈ったことでしょう！
私の祈りと涙を受け入れてくださったわね
祝福された恩恵が下りました。
死んで天国であの子に会います！

（恍惚感の中で十字架を胸に抱き、それにキスをし、急いで鉢を取り、毒を飲んでから天を仰ぎ、教会の方を向く。それから、糸杉にもたれかかり、左手で胸を押さえながら右腕で鉢をゆっくりと地面に落とす。自殺行為が終わり、身を任せていた恍惚状態から現実に聞き戻されたかのように見える。急に静寂となる。彼女の表情は晴れ晴れとし、微笑みを見せるが、やがてあたかも突然の啓示で恐ろしい死が現れたかのような苦悩の表情を見せる。）

(Le nubi coprono adesso la luna e le stelle: la scena è oscura.)
(Si leva un grido disperato:)

（今や雲が月と星を覆い隠し、
舞台は暗くなる。）
（絶望的な叫び声がする。）

IL MIRACOLO

【奇蹟】

Suor Angelica
Ah! Son dannata!
Mi son data la morte!
Io muoio in peccato mortale!
(Si getta disperatamente in ginocchio.)
O Madonna, Madonna,
　　　（楽譜ではここに salvami! salvami!が入る）
per amor di mio figlio
(Ho) smarrita ho la ragione!
　　　（楽譜では ho が前に）
non mi fare morire in dannazione!

アンジェリカ
ああ！私は罪を犯しました！
私に死が与えられるのです！
私は罪人として死んでゆきます！
（絶望的にひざまずく。）
ああ、聖母様、
　　　　　（私をお救いください！）
あの子への愛ゆえに
私は理性を失いました！

私を責め苦の中で死なせないでください！

　　<l'Inno alla Madre delle Madri>
　　★**Gli Angeli** （この3行は台本にはない。）
(Regina Virginum, Salve, Maria!
Mater castissima, Salve, Maria!
Regina pacis, Salve, Maria!)

　　〈聖母マリア賛歌〉
　　★天使たち
（聖母様、お救い下さい、マリア様！
汚れなき聖母様、お救い下さい、マリア様！
平和なる聖母マリア様、お救い下さい！）

Dammi un segno di grazia!
O Madonna, salvami!　（O:楽譜にはない）
Una madre ti prega,
una madre t'implora…
O Madonna, salvami!
(Già le sembra udire le voci degli Angeli imploranti per lei la Madre delle Madri.)

恩寵の印をお与えください！
ああ、聖母様、お救いください！
1人の母親が祈り
懇願しています…
聖母様、お救いください！
（彼女は彼女に代わって聖母を求める
天使たちの声を聞いているかのようである。）

Gli Angeli
O gloriosa virginum,
Sublimis inter sidera,
Qui te creavit, parvulum,
Lactente nutris ubere.
　Quod Heva tristis abstulit
　Tu reddis almo germine:
　Intrent ut astra flebiles
　Cœli recludis cardines.

天使たち
ああ、誉れ高い聖母様、
星より選ばれし敬虔なる方、
貴女は乳児を創造し、
それを育まれました。
　悲しきエヴァが失いしものを
　貴女は聖なる胎によって返されました。
　この哀れな罪人は天に昇ろうとしています、
　天上の門戸をお開きください。

（この4行は台本にはない。）
(Gloriosa virginum, Salve Maria!
Regina virgium! Virgo fidelis!
Sancta Maria!
Mater purissima! Salve Maria!
Turris davidica! Salve Maria!)

（誉れ高い聖母マリア様、お救い下さい！
聖母様！誠実な聖母様！
聖なるマリア様！
汚れなき母よ！マリア様、お救い下さい！
ダビデの塔よ！マリア様、お救い下さい！）

*(Suor Angelica vede il miracolo
compiersi: la chiesetta sfolgora di
mistica luce, la porta si apre: apparisce
la Regina del conforto, solenne,
dolcissima e, avanti a Lei, un bimbo
biondo, tutto bianco...)*

Suor Angelica
Ah!...
*(La Vergine sospinge, con dolce gesto, il
bimbo verso la moribonda...)*
Ah!...
(Muore.)

（アンジェリカは奇蹟を目の前にする。
礼拝堂は神秘的な輝きに包まれる。
扉が開き、優しく、荘厳な
聖母様が現れる。彼女の前に
白い衣装に包まれた
金髪の子供が…

アンジェリカ
ああ！…
（聖母様は優しいしぐさで
死に行く彼女の方へ子供を押しやる…）
ああ！…
（死ぬ。）

~ FINE ~   ~ 幕 ~

（ピエトロ・ストッパ筆）
1919 年 1 月 11 日ローマ・コスタンツィ歌劇場での
ヨーロッパ初演の際の舞台装置

【作品の概要】

17世紀末のイタリアの女子修道院。
貴族の家柄の子女であるアンジェリカは、未婚の母となったことから、家族
によって子供と引き離され、この修道院で罪を償うことを強いられている。
この間、子供の様子を知ることもないまま、もうすでに7年が過ぎ去った。

春の夕べ。修道女たちのアヴェ・マリアの歌声が響く礼拝堂に、お勤めの
時間に遅れた二人の修道女、続いてアンジェリカが入って行く。
礼拝が終わると、遅刻した者、ふざけた者、規則を守らなかった修道女に
修道女長と修練長から罰が言い渡される。アンジェリカは罪を悔いているとし
て許される。皆それぞれの仕事に戻るが、一人の修道女が、中庭の聖水盤に
陽の光が差し込み黄金に輝いていると伝える。1年前にも同じようなことがあっ
たとき、同僚の修道女が亡くなったのを想い出し、皆でその修道女の墓へ水を
注ぐ。アンジェリカの言葉で、願望についての話題が持ち上がる。

修道女長は「神に仕える身の我々は望みを持つことが許されない」と言うが、
かつて羊飼いだったジェノヴィエッファは「自分は子羊に会いたい」、食べること
が大好きなドルチーナは「美味しいものが食べたい」と言う。ではアンジェリカ
は？ 彼女は「自分には何の願望もありません」と言うが、噂好きの修道女たち
は「7年前にこの修道院に入ってから家族からの便りをアンジェリカが切望して
いること」を知っている。アンジェリカは高貴な貴族の出身であり、何かの贖罪
のため尼僧となったとの噂だが、真相は誰も知らない。
そこへ、看護係修道女が「キアーラが庭仕事中に蜂に刺され、痛みに苦しん
でいる」と駆け込んで来る。薬草に詳しいアンジェリカは草と花を摘み取って、
塗り薬と飲み薬を処方する。

托鉢の修道女たちが帰って来て、ロバから次々と一日の恵みを下ろして皆に
見せる。托鉢係の一人が、門の外に立派な馬車が止まっていたと話すと、
アンジェリカはいつになく慌ててその馬車について事細かに尋ねる。
やがて鐘が鳴り、各自が自分の面会人であって欲しいと願っているところへ
院長が登場し、「アンジェリカ」と呼ぶ。院長は興奮気味のアンジェリカが鎮ま
るのを待って、叔母の公爵夫人の来訪を告げる。

談話室。

不安のうちに待つアンジェリカ、そこへ黒い服に身を包んだ公爵夫人が登場する。アンジェリカが感動しているのに反し、夫人の態度は冷ややかである。

夫人は20年前にアンジェリカの両親が世を去ったとき託された遺産を、彼女の妹の結婚のため分割することになり、アンジェリカに相続を放棄するようサインを迫る。母の姉でありながら冷酷な方とアンジェリカが言うと、夫人は感情もあらわに怒り、彼女に罪の償いを求める。7年前、アンジェリカは親の許さない子を生んだため、この修道院に入れられたのだった。7年間唯一心にかかっていた子供の消息を訊ねると、夫人は静かに、子供は2年前に病で死んだと答える。アンジェリカは絶望のあまり泣き崩れる。公爵夫人は、遺産を放棄するというアンジェリカのサインを受け取って帰って行く。

一人になったアンジェリカは悲しみのあまり、いつ私は天国でお前に会えるのかしらと、アリア「母も知らずに: *Senza mamma*」を歌う。

修道女たちがやって来て、倒れているアンジェリカを励まし、皆で祈りを捧げ、聖母マリアを讃えて、それぞれの部屋へ戻ってゆく。

修道院が闇に包まれると、アンジェリカは薬草を摘み、鉢の中で煮立てる。

同僚たちに別れを告げ毒薬を呷る。我に返ったアンジェリカは、自殺の罪を犯したことを聖母様に詫び赦して欲しいと祈る。すると天使たちの歌声が聞こえ、光が差し込み奇蹟が起こる。亡くなった彼女の子供を連れた聖母が現れ、死に行く母親の方に子供を押しやり、アンジェリカは安らかに息を引き取る。

天使たちの歌声が高らかに響き渡り、幕が降りる。

【三部作<Il Trittico>が出来上がるまで】

プッチーニは、1916 年の 11 月 25 日に「外套」を作曲し終え、これを「三部作」にしようと残る2作品の題材を探していた。その頃、プッチーニが、この「外套」の台本作成を依頼した折、「既存の小説やドラマからの脚色ではなく、オリジナルの台本を作りたい」と述べて、それを断ったジョヴァッキーノ・フォルツァーノ（1884- 1970 年）が、オリジナル作品で 17 世紀末のイタリアのある修道院を舞台にした奇蹟の物語を舞台劇として書き始めていた。

プッチーニは 10 歳から教会の聖歌隊の合唱に加わり、オルガンを弾き、宗教的な作曲も試み好評を博した経験があることから、神秘的で宗教的な雰囲気のあるこの台本に強く魅かれ、1916 年の冬、フォルツァーノにオペラ化の提案をし、これが実現する。

プッチーニの2歳年上の姉イジーニアは修道女で、彼女がルッカ近郊の修道院長になってからは、プッチーニは、しばしばそこを訪ね、女性が修道院に入るに至るにはそれぞれに止むに止まれぬ事情があることや、彼女たちが噂話に花を咲かせる日常生活の雰囲気を知り、それを作品に存分に取り入れた。

以前プッチーニは「トスカ」第1幕フィナーレのテ・デウム（ラテン聖歌）の歌詞、および、同作品第3幕でローマの街中に響き渡る教会の鐘の音の採譜をピエトロ・パニケッリ神父に依頼したことがある。この「修道女アンジェリカ」でも、プッチーニは、フィナーレの奇蹟の場面で天使たちによって歌われる「聖母マリア賛歌」のラテン語の歌詞の選定をピエトロ・パニケッリ神父に依頼した。そして彼としては珍しい宗教的な香り高い神秘的な奇蹟劇「修道女アンジェリカ」を、1917 年 9 月 14 日に書きあげた。

これより少し遅れてやはり台本はフォルツァーノの手になる三作目の「ジャンニ・スキッキ」を、1918 年 4 月 20 日に完成している。

当初、1918 年 4 月末には完成した「三部作」をローマで上演しようという計画であったが、大戦のため多数の芸術家たちが軍務に服していたため実現できず、その後、ニューヨークのメトロポリタン歌劇場の申し出を受け、1918 年 12 月 14 日に初演された。これは休戦の調印が行われたばかりでプッチーニは初演に列席できず、自分の作品の初演に立ち会うことができなかったのは、プッチーニの生涯で初めてのことであった。

【 索引 】

LA PREGHIERA.. pag. 1

LE PUNZIONI.. pag. 2

LA RICREAZIONE... pag. 4

IL RITORNO DALLA CERCA............................... pag. 9

LA ZIA PRINCIPESSA... pag.15

   La Zia principessa e Suor Angerlica (duetto)

   ★ Il principe Gualtiero vostro padre.... .... pag.16

   ★ Nel silenzio di quei raccoglimenti................ pag.17

LA GRAZIA... pag.20

   Suor Angelica (romanza)

   ★ Senza mamma o bimbo............................... pag.20

   ★ Amici fiori pag.22

IL MIRACOLO... pag.24

   Gli Angeli (Coro)

   ★ l'Inno alla Madre delle Madri pag.24

【後付】

  ＜作品の概要＞

  ＜三部作「Il Trittico」が出来上がるまで＞

訳者紹介
とよしま 洋 (TOYOSHIMA Yoh)

横浜生まれ。イタリアオペラ翻訳家。
イタリア、ペルージャ外国人大学でイタリア語、イタリア文化を学ぶ。
帰国後「アウラ・マーニャ」より、現在まで、イタリアオペラ対訳双書
38巻、文法解説シリーズ44巻を刊行。
日本各地でのイタリアオペラの原語上演、オペラ彩定期公演、二
期会公演、Bunkamura オペラ劇場、プッチーニ・フェスティバル
記念公演、アレーナ・ディ・ヴェローナ、ウィーン国立歌劇場、フィレンツ
ェ歌劇場公演などの字幕を多数手掛けている。
CMソング、映画主題歌、CDなどのイタリア語作詞、訳詞の他、
地域振興会などでイタリア語の指導に携わっている。
作品著作権管理：公益社団法人日本文藝家協会

台本：「Suor Angelica」Ricordi-Milano（1982）
楽譜：「Suor Angelica」Ricordi-Milano（1963）

参考文献：
「プッチーニ生涯・芸術 モスコ・カーナ著 加納泰訳」音楽之友社 (1967)
「プッチーニ作品研究 モスコ・カーナ著 加納泰訳」音楽之友社 (1968)

☆ この対訳は、libretto（台本）を訳したものである。
☆ 台本と楽譜の歌詞が異なる部分で、意味内容が
　　変わるものについては、できうる限りその旨を記した。
☆ 楽譜にはない歌詞については、＿＿＿＿下線で記し、
　　台本にはないが楽譜にあるものは(　　)で示した。
☆ ト書については、楽譜にあるものはできる限り追加した。

イタリアオペラ対訳双書 38
Suor Angelica ： 修道女アンジェリカ

2020 年 10 月 30 日　初版
訳者　とよしま 洋

発行所：
アウラ・マーニャ／イタリアオペラ出版
〒 231-0862
神奈川県横浜市中区山手町 218-103
TEL/FAX:045-883-1009
URL.http://WWW.aula-magna.net

[イタリアオペラ対訳双書]

（表示価格は、本体のみの価格です。）

1	イリス／マスカーニ（本邦初訳）	1500円
2	マノン・レスコー／プッチーニ	1500円
3	仮面舞踏会／ヴェルディ（改訂版）	1500円
4	椿姫／ヴェルディ（第2改訂版）	1800円
5	エルナーニ／ヴェルディ（改訂版）	1800円
6	コシ・ファン・トゥッテ／モーツァルト（第2改訂版）	1700円
7	トゥーランドット／プッチーニ（改訂版）	1800円
8	愛の妙薬／ドニゼッティ（改訂版）	1800円
9	カヴァッレリーア・ルスティカーナ／マスカーニ（改訂版）	1200円
10	ルチーア・ディ・ランメルモール／ドニゼッティ（改訂版）	1400円
11	レ・ヴィッリ（妖精達）／プッチーニ（改訂版）	1200円
12	パリアッチ／レオンカヴァッロ（改訂版）	1300円
13	カプレーティ家とモンテッキ家／ベッリーニ（改訂版）	1800円
14	ラ・ボエーム／プッチーニ（第2改訂版）	2000円
15	トスカ／プッチーニ（第2改訂版）	1800円
16	フィガロの結婚／モーツァルト（第2改訂版）	2000円
17	リゴレット／ヴェルディ（第2改訂版）	1400円
18	ラ・チェネレントラ／ロッシーニ	1500円
19	マダム・バタフライ（蝶々夫人）／プッチーニ（第2改訂版）	1800円
20	セヴィリアの理髪師／ロッシーニ（改訂版）	1700円
21	イル・トロヴァトーレ／ヴェルディ（改訂版）	1800円
22	マクベス／ヴェルディ（改訂版）	1800円
23	ナブッコ／ヴェルディ（改訂版）	1500円
24	アイーダ／ヴェルディ（改訂版）	1200円
25	ドン・ジョヴァンニ／モーツァルト（改訂版）	1700円
26	イ・プリターニ（清教徒）／ベッリーニ	1500円
27	ドン・カルロ／ヴェルディ	1500円
28	運命の力／ヴェルディ（改訂版）	1500円
29	ランスへの旅／ロッシーニ（本邦初訳）	1400円
30	西部の娘／プッチーニ（本邦初訳）	1700円
31	ファルスタッフ／ヴェルディ	2000円
32	セルヴァ・パドローナ（奥様女中）／ペルゴレージ	800円
33	シャモニーのリンダ／ドニゼッティ（本邦初訳）	1500円
34	シモン・ボッカネグラ／ヴェルディ	1600円
35	オテッロ／ヴェルディ	1800円
36	ノルマ／ベッリーニ	1800円
37	ラ・ロンディネ（つばめ）／プッチーニ	1800円
38	修道女アンジェリカ／プッチーニ	1200円